Anneliese Geiger

Getreide - Gräser - Blumen

Floristischer Raumschmuck

Frech-Verlag Stuttgart

Eine Auswahl weiterer Titel zum Thema "Floristik":

Anneliese Geiger
Raumschmuck aus getrocknetem Naturmaterial
Die Natur künstlerisch empfinden, das heißt auch, Naturmaterial zu sammeln und daheim neu zu komponieren. Die Autorin gibt Tips zum Pflanzenarrangement. Eine Hommage an die Natur und ein Schmuck fürs eigene Heim.
32 S. mit vielen Farbfotos
TOPP 1507 ISBN 3-7724-1507-5

A. Geiger
Collagen - Bilder aus Trockenpflanzen
Blumen, Gräser, Früchte, alles, was resistent ist gegen Frost, wird von der Autorin zu kleinen, freundlichen Landschaftskompositionen gestaltet. Im Bilderrahmen "verpackt", können Sie sich so ein Stück unvergängliche Natur in die Wohnung holen.
32 S., Farbfotos
TOPP 1460 ISBN 3-7724-1460-5

A. Geiger
Arrangements mit Seidenblumen
Ausgefallene Kreationen
Diese ungewöhnlichen, stilvollen Blumenarrangements werden Blickfang in jeder Wohnung sein. Schritt für Schritt hilft die Autorin zum sicheren Reproduzieren dieser floristischen Kunstwerke und regt an zu eigenen, neuartigen Kreationen.
48 Seiten, viele Farbfotos
TOPP 1630 ISBN 3-7724-1630-6
EAN 9783 7724 16309 PG 03, SG 09

Fotos: Frech-Verlag GmbH + Co. Druck KG, D-70499 Stuttgart,
Birgitt Gutermuth, Konrad Hoffmann

Auflage: 6. 5. 4. | Letzte Zahlen maßgebend
Jahr: 1998 97 96
© 1993
frechverlag GmbH + Co. Druck KG, D-70499 Stuttgart
ISBN 3-7724-1671-3 · Best.-Nr. 1671 Druck: Frech-Verlag GmbH + Co. Druck KG, D-70499 Stuttgart

Jährlich wiederkehrend reifen in der Natur Getreide, Gräser, Blumen und andere interessante Pflanzen heran, die zum Trocknen hervorragend geeignet sind.

Ein sehr genaues Betrachten und Verfolgen des Jahresablaufes bringt Ihnen das Material entgegen. Das Sammeln dieser Materialien ist immer ein Erlebnis und bietet gleichzeitig den direkten Kontakt mit Wald und Flur. Das Trocknen und Weiterverarbeiten ist eine spannende Tätigkeit, Sie machen dabei handwerkliche Erfahrungen und können auch noch Ihre Kreativität erproben.

Mit Naturmaterial seine Wohnräume zu schmücken wird immer beliebter. Wohnschmuck aus Naturmaterial hat eine ästhetische, beruhigende Ausstrahlung und läßt die Schönheit der Natur in der täglichen Umgebung wiederkehren.

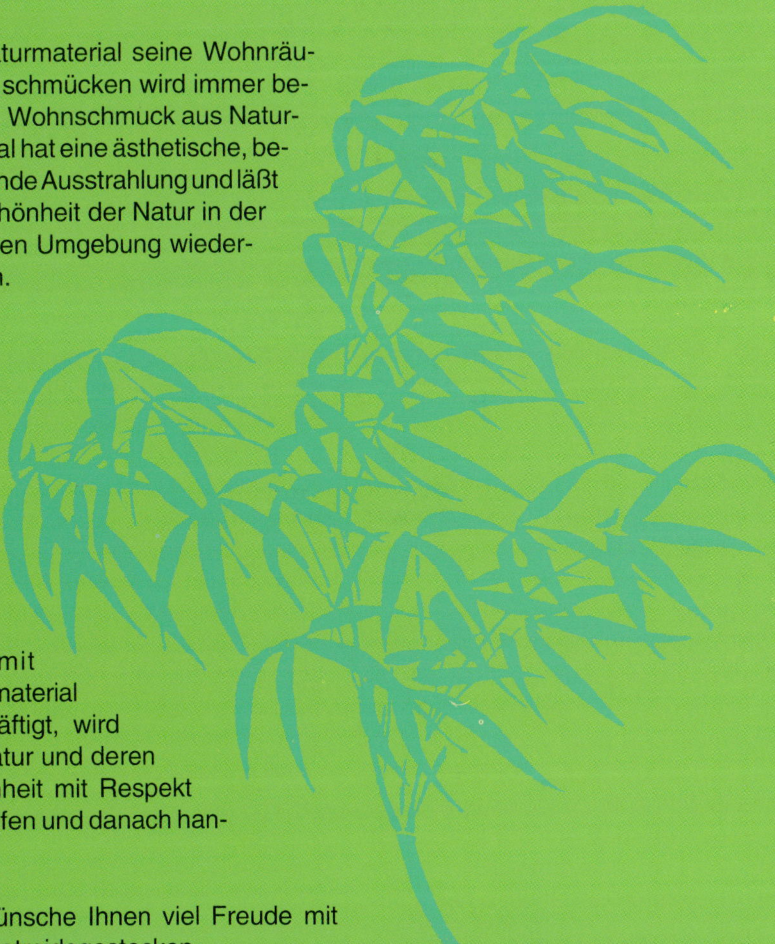

Wer sich mit Naturmaterial beschäftigt, wird die Natur und deren Schönheit mit Respekt begreifen und danach handeln.

Ich wünsche Ihnen viel Freude mit den Getreidegestecken.

Handwerkzeug:
Heißklebepistole
Universalmesser
Floristenschere
Schere
Rasenschere

Das Grundmaterial:
Zum Befestigen von Wanddekorationen und dem Befestigen des Materials in Behältern wird immer Wellkarton benötigt. Diesen bekommt man im Supermarkt beim Abfall. Besorgen Sie sich ganz dicken und ganz dünnen Wellkarton.

Die Materialien lassen sich mit Heißkleber besonders gut befestigen. Auch eine Demontage ist jederzeit möglich. Schneiden Sie Wellkarton nicht mit der Schere, sondern immer mit dem Allesschneider, auch Universalmesser genannt. Zeichnen Sie die Schnittstellen immer vorher mit einem Bleistift auf.

Ein sehr dickes Wellkartonteil als Unterlage sollte immer für die anfallenden Schneidearbeiten bereit liegen. So wird Ihr Arbeitstisch geschont.

Heißkleber
ist für Trockenarrangements sehr gut geeignet. Die Heißklebepistole ist mit Überhitzungsschutz ausgestattet und kann lange Zeit eingeschaltet bleiben. Der Kleber tritt heiß aus der Pistole und verfestigt sich in ein paar Sekunden. Das hat den Vorteil, daß man zügig arbeiten kann. Bei Pannen können Sie mit ein paar geschickten Handgriffen das Material auch wieder lösen und danach neu ansetzen. Lassen Sie dabei den Kleber immer zuerst erkalten, sonst verbrennen Sie sich die Finger.

Kinder sollten wegen der Verbrennungsgefahr vor Heißkleber gewarnt werden.

Material sammeln:
Zum Schneiden des Materials nimmt man am besten die Rasenschere.
Um den richtigen Zeitpunkt des Sammelns nicht zu verpassen, muß man den Werdegang und das Heranreifen des Materials in Zeitabständen verfolgen.
Bei Getreide:
ist der richtige Termin zum Schneiden etwa zwei bis drei Wochen nachdem die Ähren aus den Hülsen geschlüpft sind. Dies ist der Zeitpunkt, zu dem sich die grüne Farbe am intensivsten entwickelt hat. Schneiden Sie die Stiele so lang wie möglich ab.
Ein Bund:
ist die Menge von Getreide, die Sie zwischen zwei Händen mit gespreizten Fingern fassen können. Bei einigen Arrangements ist die Verbrauchsmenge angegeben.
Hahnenfuß:
sollte gesammelt werden, wenn Hauptblütezeit ist und viele Blüten offen sind. Schneiden Sie den Hahnenfuß im trokkenen Zustand, und ordnen Sie die Blüten sofort zu Hause in gleicher Höhe. Danach werden sie in kleinen Büscheln zum Trocknen aufgehängt. Um sie vor Licht zu schützen, stülpen Sie einfach Zeitungspapier, das mit Klebestreifen befestigt wird, darüber.
Samenstände der Akelei:
werden geschnitten, wenn sich die Samen prall entwickelt haben. Die Farbe sollte dennoch Grün sein. Akelei wird auch hängend getrocknet.

Material trocknen:
Getreide und Gräser werden liegend getrocknet. Am besten auf dem Boden, 5 cm dick ausgelegt, in beheizten Räumen. Durch die trockene Wohnraum- oder Heizungsluft sind die Ähren und Gräser in zwei Wochen trocken und können gleich verarbeitet werden. Bedekken Sie die Pflanzen während der Trocknungszeit mit Zeitungspapier. Bewegen Sie das Material hin und wieder, um die Unterseite gleichmäßig mit Luft zu versorgen.

Wichtig ist, daß die Materialien in trockener Luft liegen. Wenn Sie auf Bühnen, Garagen oder in Scheunen trocknen, nehmen die Getreide und Gräser bei Nacht zu viel Luftfeuchtigkeit auf, dadurch wird die Farbe beeinträchtigt. Besser sind geschlossene, trockene Räume.

Hahnenfuß, Frauenmantel, Schafgarbe, Ampfer, Mädesüß und Beifuß werden hängend in kleinen Büscheln getrocknet. Diese Pflanzen haben eine buschige Erscheinung und sehen flachgedrückt aus, wenn sie im Liegen getrocknet werden. Wenn Sie keine dunkle Ecke in einem trockenen Raum haben, stülpen Sie einfach Zeitungspapier, das mit Klebestreifen befestigt wird , über die Pflanzen.

Die getrockneten Hahnenfußbüschel werden an den feinen Stielspitzen mit Klarlack besprüht. Das Besprühen bezieht sich hierbei nicht auf die Blüten, sondern auf die feinen Stiele, an denen die Blüten sitzen. Klarlack gibt dabei Festigkeit und verhindert das Umknikken der Blumen bei hoher Luftfeuchtigkeit. Haarspray ist dafür nicht geeignet, da dieses wasserlöslich ist und bei feuchter Luft weich wird.

Auch Ampferspitzen werden auf diese Art behandelt.

Alle anderen Materialien bleiben unbehandelt.

Bei zu Boden hängenden Kreationen erübrigt sich diese Behandlung ebenfalls.

Material ordnen. Aufbewahren nach dem Trocknen.
Wenn das Getreide getrocknet ist, wird es bis zur Verarbeitung aufbewahrt. Dazu nehmen Sie die Menge, die Sie zwischen zwei Händen fassen können, und stoßen die Strohhalme auf den Boden, um eine gleichmäßige Höhe zu erhalten. Nun wird das Ganze zusammengebunden und mit Zeitungspapier eingerollt, so daß unten kein Halm mehr herausfallen kann. Nun werden die eingepackten Bündel aufrecht in eine schmale, hohe Schachtel gestellt und in einem trockenen, dunklen Raum aufbewahrt. Zum Dunkelhalten genügt auch das Abdekken mit viel Zeitungspapier.

Behälter herstellen.

Brettchen besorgt man sich im Hobbymarkt und läßt sie dort gleich in die gewünschte Länge sägen. Oder Sie demontieren Obstkistchen, die man im Supermarkt beim Abfall findet. Dünne und schmale Lättchen kann man mit einer guten Floristenschere zurechtschneiden. Die Schnittstellen brauchen dabei nicht fein zu sein, diese Behälter sollen rustikal und rauh aussehen.

Die zurechtgesägten Brettchen kleben Sie mit Heißkleber zusammen. Die Größe des Innenraumes zeichnen Sie mit einem Bleistift auf Wellkarton und schneiden diesen mit dem Allesschneider aus. Nun wird der Boden in den Kasten gesetzt und rundum angeklebt.

Auch Rahmen für Bilder können Sie auf diese Art anfertigen.

Der Kasten wird danach mit wasserlöslicher Farbe, meist grün, gestrichen. Auch mit Beize in Holzfarbtönen können Sie diese Behälter behandeln.

Der runde Behälter: dazu zeichnen Sie einen Kreis mit 19 cm Ø auf Karton und schneiden ihn mit dem Universalmesser aus. Diesen Kreis umkleben Sie mit einem 4 cm hohen Streifen aus biegsamem Graukarton. Dazu bringt man den Kleber in Etappen am Graukartonstreifen an und rollt den Kartonkreis in den Kleber. Diese runden Behälter finden auf viele Art Verwendung.

Beifuß, mit grünem Papierband dekoriert

Grundanleitung wie Weizenbündel siehe Seite 8

Fertigen Sie dazu einen runden Behälter nach der Anleitung von Seite 6 an.

Die schönen Beifußspitzen stellen Sie büschelweise, von der Mitte aus beginnend, auf. Die letzte Lage wird über den Behälter geklebt, so daß dieser nicht mehr sichtbar ist.

Mit hellgrünem, auseinandergedrehtem Papierband, dessen Farbe sich im Beifuß wiederholt und dessen Ende mit andersfarbigem Band überklebt ist, wird das einfache, aber wirkungsvolle Arrangement geschmückt.

Beifuß wird erst im Spätsommer gesammelt. Man begegnet ihm an Wegrändern und Waldlichtungen sowie in Kiesgruben und Halden.

Suchen Sie nur schöne Spitzen aus. Diese sehr langen Dolden können bei heißem Sommerwetter in Garagen oder einem dunklen Raum hängend getrocknet werden.

Weizenbündel mit Wildrose

Materialverbrauch: 3 Bund Weizen
Einen runden Behälter anfertigen, siehe Seite 6

(Schritt 1) Sie sehen auf der Abbildung eine Ähre mit Stiel vor dem runden Behälter liegen. Diese ist 53 cm lang und dient als Längenmaß.
Jetzt nehmen Sie zehn Ähren, ordnen diese oben exakt gleich lang und schneiden die Stiele nach dem vorgelegten Halm als Maß ab. Nun ziehen Sie das lose Stroh an den Schnittstellen unten weg. Mit sehr viel Kleber, den Sie an diesen Schnittstellen anbringen, stellen Sie die Gruppe in die Mitte des Behälters. Nun halten Sie das Getreide so lange fest, bis der Kleber hart ist und die Ähren von alleine stehen bleiben.

(Schritt 2) Nun nehmen Sie immer nur fünf bis sieben Ähren, schneiden diese nach dem vorgelegten Maß ab und stellen diese ohne Kleber zur Probe neben das vorab befestigte Material in den Behälter. Erst wenn die Höhe genau stimmt, wird mit etwas weniger Kleber, als beim ersten Bündel das Material im Kreis um die aufgeklebte Mitte gestellt.
Damit Sie nicht warten müssen, bis der Kleber hart ist und die Ähren stehen bleiben, legt man ein Stoffbändchen über die Ähren.

(Schritt 3) Ist der runde Behälter bis zum Rand gefüllt, nehmen Sie ein Stück Packpapier, 60 cm x 80 cm, knicken die Ecken unregelmäßig um und dekorieren es um das Getreidebündel. Von hinten setzen Sie ein kleineres Teil Papier dagegen. Kleber dient dabei als Halt.
Mit dem Wildrosenzweig und dem grünen Papierband mit Schlaufe wird das Arrangement geschmückt.

Große Schlaufe anfertigen

Für eine große Schlaufe benötigen Sie ein 3 m langes Band. Um eine sehr breite Schlaufe zu erhalten, kleben Sie zwei Bänder der Länge nach schmal übereinander.

Nun gehen Sie so vor: Einen Streifen Band, 44 cm lang und 14 cm breit, schlagen Sie bis zur Mitte beidseitig ein und kleben es an. Die Mitte raffen oder binden Sie mit Kräuselband nicht zu fest zusammen. Einen schmalen Streifen Band kleben Sie als Dekoration über das Kräuselband. Die nach unten hängenden, schräg geschnittenen Enden werden von hinten an die Schleifenmitte geklebt.

Nun drücken Sie die Schlaufe oder das Bukett mit viel Kleber an die gewünschte Stelle am Arrangement. Gleichzeitig stekken Sie einen Kochlöffel von der Seite durch die Ährenhalme und drücken die Halme gegen die Klebefläche der Schlaufe, bis der Kleber hart ist.

Bukett anfertigen

Bänderrosen und weiteres Material werden an einem ovalen Kartonteil, 6 cm x 7 cm groß angeklebt. Auf diese Art werden alle Blumenbuketts arrangiert. Mit dem Kartonteil werden die Buketts danach mit viel Kleber am Arrangement angebracht.

Roggenbündel mit breiter Schlaufe

Abbildung Seite 11

Materialverbrauch: 4 Bund Roggen
Grundanleitung Seite 8
Grüne Behälter, 18 cm x 18 cm x 5 cm

Die breite Schlaufe kann jederzeit durch ein Rosenbukett aus Bänderrosen in drei verschiedenen Farbtönen, dazu grüner Ruskus und helle Statice, ersetzt werden.

Genauso dekorativ sieht das Bukett aus Naturmaterial an dem Haferarrangement, das Sie auf dieser Seite sehen, aus. Dieses Bukett spitzt sich nach unten mit Gräsern, Hahnenfuß, Frauenmantel, Lavendel und Zweigen von Mädesüß zu. Nach oben ist es mit großflächiger Schafgarbe, weißer Hortensie sowie grünen und goldenen Bändertuffs abgerundet. Kleben Sie das Material der Reihe nach, beginnend mit den Gräsern, die die Spitze bilden, an.

Zur Abbildung: Beispiele von aufgesetzten Blumenbuketts.

Kreation mit rotem Ampfer und olivgrünem Mellengras

Fertigen Sie einen Kasten an,
18 cm x 23 cm x 5 cm,
mahagoni gebeizt.
Ampferbüschel in dem Umfang, in dem sie zum Trocknen aufgehängt waren, in unterschiedlichen Höhen im Kasten plazieren. Die Schnittstellen werden mit Kleber bestrichen und die Büschel in origineller Abstufung angeordnet. Begonnen wird mit dem höchsten Büschel, ganz hinten. Das Kupferlurexband, das sehr gut zu dem braunroten Ampfer paßt, kleben Sie versetzt um die Büschel, an eine Stelle, an der man es gut sieht. Anstatt dem olivgrünen Mellengras kann man auch grüne Haferbüschel verwenden. Der Boden der Schachtel wird mit Moos bedeckt.
Der Ampfer sollte vor dem Verarbeiten behandelt werden, siehe Seite 5.

Stufenarrangement - 60 cm hoch

Abbildung Seite 13

Kasten, 19 cm x 19 cm groß, anfertigen und passend zu der Farbe des roten Ampfers mahagoniefarben beizen.

Das Material ist in Stufen angeordnet.

Man beginnt mit den olivgrünen Mellengrasrispen und stellt diese büschelweise am hinteren Kastenrand auf.

Dazu bringen Sie Kleber an die Schnittstellen der Stiele, die am Kastenrand zusätzlichen Halt finden.

Davor werden der rote Ampfer und die ebenfalls gesammelten, hellgrünen Pleum abgestuft angebracht.

Das Band ist anliegend angebracht und überkreuzt sich hinten etwas höher.

Ampfer behandeln siehe Seite 5.

Rosen anfertigen mit Rupfen

Ein schräggeschnittenes Rupfenstück, 25 cm lang und 12 cm breit, legen Sie der Länge nach zur Hälfte.

Mit der Faltkante nach oben schlagen Sie die rechte obere Ecke nach links unten ein und rollen das Teil zu einer Schnecke.

So entsteht die Form einer Rose, die Sie unten mit feinem Floristendraht zusammenbinden.

Machen Sie ein paar Proben, es kann nichts dabei kaputtgehen.

Die Rosen werden an einem ovalen Kartonteil, 6 cm x 7 cm, angeklebt.

Dazwischen setzt man kleine Zweige aus grünem Ruskus.

Großer Korb

Abbildung Seite 15

Großer Korb, gefüllt mit den Samenständen der wildwachsenden Staude Mädesüß, reizvoll dekoriert mit einem Bukett aus Rupfenrosen.

Ab Juli, August kann man die Samenstände der wildwachsenden Staude Mädesüß, die bis zu 1,20 m hoch wird, an feuchten Waldlichtungen, meist in Massen finden.

Wenn diese gleich nach dem Verblühen getrocknet werden, erhält sich die olivgrüne Farbe sehr gut und auch lange.

Trocknen kann man sie bei heißem Wetter in der Garage oder in einem dunklen Raum hängend.

In den Korb wird 5 cm unterhalb des oberen Randes ein Wellkartonboden eingeklebt.

Auf den Korbboden wird vorher eine mit Kies oder Split gefüllte Plastiktüte gelegt.

Dieses Gewicht gibt dem 90 cm hohen Arrangement einen guten Stand.

Feines Dekonetz und ein Bukett aus Rupfenrosen geben dem einfachen, aber reizvollen Arrangement die besondere Note.

Arrangements in Schalen

Grundanleitung

In die Schalen kleben Sie zuerst einen Wellkartonboden ein. Die Weizenähren stellen Sie am Rand der Schale entlang in gleichen Abständen auf. Bringen Sie dazu den Kleber an die Schnittstellen der Halme. Auch am Schalenrand kann ein Punkt Kleber den Stielen zusätzlichen Halt geben. Nun wird die Mitte mit Ähren ausgefüllt.

Danach wird der Freiraum vorne mit niedrigem Material dekoriert. Dazu kann man grünen Buchsbaum, Frauenmantel, Hortensien, gelbe Schafgarben, blaue Papierbandschleifen sowie künstliche, blaue Blumen verwenden. Den Boden bedeckt man mit Islandmoos.

Rückansicht der Abbildung Seite 17

Dem Anblick eines lichten Waldes ähnelt diese Dekoration von hinten. Die Haferstiele sind dabei in gleichen Abständen angeklebt und der Boden mit Islandmoos bedeckt.

Der Blumenschmuck, der mit blauem Rittersporn, Frauenmantel sowie gelben Schafgarben, Hortensien und weißen Kragenknöpfchen dekoriert ist, besteht ausschließlich aus getrocknetem Naturmaterial.

Schalengesteck
Die Machart dieses Arrangements und der Abbildung auf Seite 16 rechts unten ist dieselbe, die die Grundanleitung erklärt. Nur die Behälter sind verschieden und zeigen, wie reizvoll Getreide, arrangiert mit Blumengruppen, aussehen kann. Dabei ist der Materialverbrauch minimal.

Kleiner ovaler Trog

Abbildung unten

Dieser Trog, 8 cm x 20 cm groß, ist gefüllt mit sortierten, ca. 25 cm hohen Weizenähren.

Die Ährenhalme sind so angeordnet, daß man noch gut durch die Stiele sieht, dadurch bekommt das Arrangement den Charakter eines Waldes.
Grundanleitung auf Seite 16.

Bauerngärtchen mit Glaskugeln

Abbildung Seite 19

In den Behälter wird 2 cm unterhalb vom Rand ein Kartonboden eingeklebt. Darauf befestigen Sie die Weizengruppen in ungleichen Höhen. Grünes Broomgras, Frauenmantel und grüne Mädesüßzweige bilden den langstieligen Beischmuck der Ähren. Blauer Rittersporn, gelbe Schafgarbe und weiße Sonnenflügel mit kurzen Stielen schmücken den Bodenbereich. Zwei lila Glaskugeln auf Stäben und zartlila Papierband runden das Ganze ab. Der Boden ist mit Moos bedeckt. Die Teile werden alle mit Kleber befestigt.
Grundanleitung auf Seite 16.

Ähren im Wind

(Titelbild)

Sie nehmen ca. zwölf Ährenhalme, ordnen diese in ungleichen Höhen und schneiden die Stiele so ab, daß der höchste Halm 50 cm mißt. Danach ziehen Sie das lose Stroh unten weg und kleben die Stielenden zwischen zwei Kartonstreifen. Die liegenden Ähren müssen dabei alle in eine Richtung zeigen. Bringen Sie viel Kleber an, und lassen Sie die Stiele liegen, bis der Kleber hart ist.

Auf eine Bodenfliese kleben Sie aus Karton ein etwas kleineres Quadrat. Unter die Bodenfliese kleben Sie etwas Filz, um Ihre Möbel zu schonen.
Das Einkleben der Ähren zwischen die Kartonstreifen und das Aufstellen der Gruppen auf die Fliese sollten Sie direkt nacheinander ausführen. So sieht man, wie sich das Arrangement entwickelt und wieviel Material noch gebraucht wird.
Im vorderen Bereich ist das Arrangement mit kleinen Gruppen abgestufter Ährenhalme gestaltet. Dies macht die Kreation lebendig und interessant. Dazu gehört auch die kleine Gruppe ganz vorne. Diese durchbricht den Freiraum der hohen Stiele im Hintergrund und strahlt Geborgenheit in der Gruppe aus. Nehmen Sie dazu sehr schöne ausgesuchte Ähren. Der noch sichtbare Karton bei den aufgestellten Ährengruppen wird mit Islandmoos oder Naturmoos bedeckt. Islandmoos schneiden Sie dazu mit der Schere flach. Genauso können Sie von Naturmoosplatten Streifen wegschneiden und diese am Kartonfuß anbringen. Der hellgrüne Hafer und die gelben Hahnenfußblüten werden genauso wie die Gerstenstiele zwischen Kartonstreifen geklebt und aufgestellt.

Sammeln Sie die Gerste erst, wenn diese sich am Halm zur Reife neigt. Zum Trocknen legen Sie sie an die Tischkante, daß die gebogenen Ähren über die Kante zu Boden hängen. Mit Zeitungspapier wird abgedeckt, damit die Farbe erhalten bleibt.

Als Beischmuck benötigt diese Kreation nur wenig anderes Material. Einige farbliche Akzente, zum Beispiel die niedrige Hahnenfußgruppe und das dunkelgrüne Moos genügen.

Bäumchen aus Wiesenhafer

Wiesenhafer findet man auf Wiesen zwischen den Gräsern. Die Farbe von Wiesenhafer ist nach dem Trocknen sehr intensiv und hält sehr lange.

Der getrocknete Hafer wird gleichmäßig zwischen zwei schmale Streifen aus dünnem Karton geklebt. Danach schneiden Sie die Stiele unten am Karton entlang weg und bringen etwas Kleber von unten an die Schnittstellen. Nun binden Sie die Ähren oben zuerst mit Kräuselband und danach mit roséfarbenem Schmuckband zusammen. Danach werden die Bäumchen auf der Rinde plaziert und der Karton mit Islandmoos bedeckt. Papierbandkurven umspielen die Kreation. Das Rindenstück bekam vorher zwei Standbeine aus übereinandergeklebten Rindenstückchen. Der große Baum ist 22 cm hoch, der kleine 17 cm.

Weizenspirale

Abbildung Seite 23

Weizenbündel werden in Spiralform aufgestellt, ca. 70 cm hoch. Der Materialverbrauch liegt bei zwei Bund Weizen. Grundanleitung Seite 16

Bäumchen aus Gerste

Die Bindetechnik ermöglicht das Abspreizen der Grannen.

Spalten Sie 30 cm langes Kräuselband der Länge nach, und binden Sie 20 Ähren direkt unter dem Ährenansatz sehr fest zusammen.

Dazu wickelt man das Bändchen viermal herum, zieht mit der rechten Hand sehr kräftig an und bindet mit drei Knoten ab. Auf diese Art werden zwölf Büschel gefertigt.

Von diesen zwölf Büscheln binden Sie jeweils drei auf die gleiche Art zusammen, so erhalten Sie vier Büschel. Aus diesen vier Büscheln entsteht ein Baum.

Die Bindestelle wird mit farbigem Schmuckband bedeckt.

Die Stiele sind am großen Baum 45 cm lang und am kleinen 26 cm, gemessen von der Bindestelle aus. Klopfen Sie die Schnittstellen mit der flachen Schere glatt, und stellen Sie den Baum sehr fest auf den Tisch.

Achten Sie beim Zusammenbinden der Büschelgruppen darauf, daß keine Spiralform der Stiele entsteht, im Gegensatz zu dem Haferbäumchen auf Seite 26.

Bäumchen aus Hafer oder Weizen mit Doppelschlaufe

Spalten Sie 30 cm langes Kräuselband der Länge nach, und binden Sie 15 Ähren, die alle gleich hoch geordnet sind, 10 cm unterhalb vom Ährenansatz ab. Dazu wickeln Sie das Kräuselband drei- bis viermal herum, ziehen fest an und binden mit drei Knoten ab.
So fertigen Sie 15 Bund an.
Jetzt nehmen Sie fünf Bund, die die Mitte des Baumes bilden, und binden diese mit ungespaltenem Band zusammen. Über diese Bindestelle legen Sie die restlichen Büschel rundherum schräg darüber und halten sie mit der linken Hand fest. Mit der rechten Hand bringen Sie ein langes, ungeteiltes Kräuselband von unten her an, umwickeln auch drei- bis viermal, ziehen so fest es geht an und binden gut ab.

Die oben herausschauenden Bindestellen des zweiten Bindevorgangs schneiden Sie mit der Schere auf und entfernen das Kräuselband. Danach verteilen sich die Stiele gleichmäßig. Die Stiele schneidet man nach 28 cm, gemessen ab der Bindestelle, ab. Dazu halten Sie die Stiele mit der linken Hand fest zusammen und legen sie an einem Kartonbehälterrand auf. Mit einer Schere werden die Stiele in Etappen abgeschnitten, dabei fällt der Abfall in den Behälter. Die Schnittstellen klopfen Sie mit der flachen Schere glatt und stellen danach den Baum fest auf den Tisch. Bei dieser Bindetechnik müssen die Stiele in Spiralform herausstehen, im Gegensatz zu den Gerstenbäumchen.

Türschmuck mit Früchten

Sie fertigen zwei Büschel, die mit Stiel 50 cm lang sind. Diese binden Sie zweimal mit 4 cm langem Zwischenraum mit Kräuselband ab. Danach kleben Sie diese Bindestellen über Kreuz und stecken für einen besseren Halt zusätzlich von beiden Seiten große U-Klammern oder Stecknadeln ein. Danach binden Sie den Aufhänger an.

Die Doppelschleife kleben Sie zuerst auf ein Kartonteil. Von vorne dekorieren Sie mit Trauben, Äpfeln, Beeren und grünen Ruskuszweigen. Mit viel Kleber wird die geschmückte Schleife über dem Kreuzpunkt befestigt.

Der Aufhänger

Bei dem Türschmuck mit Früchten wird der Aufhänger einfach festgebunden. Bei Arrangements mit Karton sollten Sie so vorgehen:

Mit einem Schraubenzieher stoßen Sie Löcher durch den Karton und fädeln den Aufhänger durch. Ankleben ist nicht ratsam, da bei hoher Luftfeuchtigkeit der Karton weich wird und der Aufhänger abreißt.

Bei manchen Kreationen, die zur Gewichtsverlagerung neigen, muß man den Aufhänger manchmal versetzen. Dies ist bei Arrangements mit Rinde oft der Fall und stellt sich erst während der Arbeit heraus.

Wand- oder Türschmuck aus Weizen

Sie schneiden ein Kartonteil zu, 6 cm x 8 cm, fädeln den Aufhänger durch und knoten ihn fest.

Zwölf Weizenähren ordnen Sie gleich hoch und binden diese 10 cm unterhalb vom Ährenansatz mit schmalem Kräuselband mit einem Zwischenraum zweimal ab. So bereiten Sie 14 Büschel vor. Diese schneiden Sie alle zwischen den Bindestellen durch und bringen etwas Kleber an die Schnittstellen. Das verhindert das Durchrutschen der Halme. Diese Ährenbüschel werden im Halbkreis auf einem vorbereiteten Kartonteil mit viel Kleber angebracht.

Danach setzen Sie die zuvor abgeschnittenen Stiele, die 35 cm lang sind, in die Mitte des Kartons und geben viel Kleber drüber

Die Mitte wird mit einer blauen Papierbandschleife, gelber Schafgarbe, blauen Seidenblumen, Frauenmantel, grünen langen Ruskuszweigen und hellblauem Kräuselband geschmückt. Diese Materialien werden alle festgeklebt.

Wandschmuck mit Weizen und gelben Lilien

Sechs Ährenhalme ordnen Sie gleich lang und binden mit Kräuselband so ab, daß diese bis zur Schnittstelle 16 cm lang sind. So fertigen Sie 14 Bund und kleben Sie danach mit viel Kleber auf ein Kartonteil im Halbkreis an.
Für das große Rad binden Sie 18 Bündel, die 26 cm bis zur Schnittstelle messen.

An der Rinde kleben Sie zuerst Karton so an, daß dieser von vorne unsichtbar ist. Die beiden Getreidehalbbögen werden an dem Karton und der Rinde von hinten mit viel Kleber aufgesetzt.

Die von vorne sichtbaren Binde- und Klebestellen der Halbräder werden mit Islandmoos bedeckt. Danach der gelbe Lilienzweig angebracht.

Diese Dekoration kann auch querformatig plaziert werden, dafür muß man nur einen Aufhänger in der Mitte am Karton anbringen.

Rinde:
Findet man sehr häufig an gelagerten Holzstämmen. Bei sehr heißem Wetter lassen sich die Rindenteile leicht vom Stamm lösen.

Moos:
Suchen Sie kurzgewachsenes Moos, welches oft auf abgesägten Baumstümpfen oder an Tannenwurzeln wächst. Lösen Sie das Moos in kleinen Matten ab, und legen Sie diese zu Hause in einen Karton, den Sie in einen beheizten Raum stellen. In einer Woche ist das Moos verarbeitungsfähig und bleibt sehr schön grün.

Gebirge aus Weizen

Sie schneiden mit der Schere einen langen, 3 cm breiten Streifen aus biegsamem Karton (Graukarton).

Danach kleben Sie jeden Ährenhalm zuerst unten am Kartonstreifen fest und befestigen die Ähren der Länge nach aneinander.

Beachten Sie dabei den gleichen Abstand der Halme unten, damit das Ganze keine Schräglage bekommt.

Die unten überstehenden Halme werden nachher dem Karton entlang weggeschnitten.

Damit das Gebirge einen stabilen Halt bekommt und aufgestellt werden kann, klebt man einen sehr dicken Wellkartonstreifen in gleicher Höhe und Breite über dem Graukarton auf die Stiele.

Nun kleben Sie die drei Gebirgsteile auf eine sich öffnende Rinde.

Mit Islandmoos decken Sie den sichtbaren Kartonfuß der Berge ab.

Damit das Rindenstück auf dem Tisch stehen bleibt, werden vorher unsichtbare Wellkartonfüße oder Stützen untergeklebt.

Weizenspirale

Beachten Sie bitte die Anleitung zu dem Weizengebirge auf Seite 34.

Die Weizenähren werden mit Stiel im Schrägverlauf, von ganz klein bis 70 cm Höhe auf biegsamen Karton geklebt.

Anschließend wird der Karton zu einer Schnecke gerollt und in der Terrakotta-Schale befestigt.

Der sichtbare Karton wird mit Islandmoos, welches mit der Schere zerteilt wird, bedeckt.

Arrangement mit Strohhalmbündeln

Abbildung Seite 37

Strohhalme fallen bei vielen Arrangements in verschiedenen Längen ab.

Hier wurden Strohhalm-Bündel in verschiedenen Höhen zu einem reizvollen einfachen Bauwerk aufgestellt.

Die Farbwahl der Schmuckbändchen richtet sich immer nach dem Wohnstil, in dem das Arrangement stehen soll.

Grundanleitung für Wanddekorationen:

Wanddekoration mit Hafer und Hahnenfußblüten

Sie schneiden ein Stück dicken Wellkarton zu, 45 cm breit und 28 cm hoch.

Nun wird unten und oben ein Aufhänger durchgefädelt, um die Dekoration beliebig aufhängen zu können.

Jetzt nehmen Sie 15 Haferährenstiele, ordnen diese gleich hoch und schneiden sie auf 65 cm Länge.

Mit der rechten Hand bringen Sie Kleber in Zickzackform ungefähr 10 cm vom unteren Kartonrand nach oben verlaufend an und legen die Ähren darauf.

Danach geben Sie nochmals Kleber über die Stielenden.

So füllen Sie ca. 20 cm des Kartons mit Hafer auf.

Nun beginnen Sie nochmals von vorne und legen eine zweite Schicht darüber.

Der kürzere Hafer , der 50 cm hoch ist, wird ebenso angebracht.

Auf dieselbe Art werden die Hahnenfußblüten büschelweise einmal 35 cm hoch und die kleineren 23 cm hoch angeklebt. Wichtig ist, daß die Stiele durch viel Kleber gut halten.
Wenn Sie eine Wegreißprobe machen, erkennen Sie gleich, wieviel Kleber Sie brauchen.

Die Rückansicht zeigt die beiden Aufhänger sowie eine Kartonstütze, die den Wandschmuck von der Wand abstehen läßt. Wandschmuck sieht immer besser aus, wenn er nicht flach an der Wand anliegt.

Würde man dieses Arrangement zu Boden hängend an der Wand plazieren, müßte diese Stütze am anderen Aufhänger angebracht werden.

Die Rinde hält mit viel Kleber über dem Pflanzenmaterial.

Eleganter Wandschmuck mit Gerste

Dicken Karton, 32 cm breit und 40 cm hoch, an dem Aufhänger unten und oben durchgefädelt sind, bereit legen.

Papier, auch Zeitung, 32 cm x 40 cm groß, legen Sie über's Eck und kleben es leicht an.

Danach schieben Sie dieses abgeschrägte Papiereck so unter den vorbereiteten Karton, daß dabei die Abschrägung vorne am Kartoneck anfängt (Siehe Abbildung 2 links vorne im Bild).

Ein paar Klebertupfer halten dieses Papier während der Arbeit an der Unterseite des Kartons fest.

Dieses Papier ist nur eine Hilfe und dient zur Orientierung des Schrägverlaufes der Ähren.

Der Ährenansatz, nicht die Grannen, muß der schrägen Papierkante entlang angelegt werden.

Nun nehmen Sie zehn Ährenhalme und ordnen den Ährenansatz (nicht die Grannen) genau gleich lang.

Danach bringen Sie den Kleber in Zickzackform an die Stelle am Karton, an der die Stiele enden.

Die Stiele auflegen und dabei auf den Schrägverlauf der Ähren achten.

Wenn alles stimmt, wird nochmals Kleber über die Stielenden geträufelt.

So bearbeiten Sie Lage für Lage, bis die Fläche gefüllt ist.

Damit das Arrangement Fülle erhält, wird auf dieselbe Art eine weitere Schicht Ährenhalme aufgebracht.

Am Anfang der zweiten Schicht verwenden Sie sehr lange Halme und ziehen das lose Stroh unten nicht weg.

Dadurch ist das Grün überall gleich. Weiter innen ist das nicht so wichtig, da diese Stelle von der zweiten kurzen Schrägmatte, die später darüber befestigt wird, verdeckt wird.

Fortsetzung Seite 42

Das obere und kürzere Teil, mit umgekehrtem Schrägverlauf, wird genauso gearbeitet wie das untere. Der Karton hat hier die Maße 32 cm breit und 18 cm hoch.

Betrachten Sie das aufgeklebte Material während der Arbeit öfter im Spiegel. Der Spiegel zeigt Ihnen jeden schräg oder unregelmäßig angeklebten Halm. Wegreißen und ein Neuansatz ist immer möglich.

Die beiden Teile werden zur Probe übereinandergelegt, so daß die Grannen eine schöne Kurve bilden.
Der Spiegel hilft auch hierbei.

Mit sehr viel Kleber befestigt man die beiden Stücke übereinander.

Danach setzt man die Rindenteile, auch mit sehr viel Kleber, über den Strohhalmenden auf.

Die drei Aufhänger ermöglichen das Austarieren bei einer Gewichtsverlagerung durch die Rinde.

Dieser Wandschmuck kann zu Boden hängend, oder aufrecht stehend plaziert werden, deshalb die Aufhänger unten und oben am Karton.

Die Rindenteile werden zum Schluß mit Haarspray auf Glanz gebracht.

Wanddekoration mit Rittersporn
Grundanleitung siehe Seite 38.
Diese Dekoration ist 1,20 m hoch. Bereiten Sie die Kartonrückwand, 0,30 m hoch und 0,70 m breit nach der Grundanleitung vor.

Nun kleben Sie nach der Abbildung nacheinander dunkelgrüne Ampferspitzen, roséfarbenen Ritterspororn und hellgrüne Beifußspitzen auf. Der hellgrüne Beifuß bedeckt dabei die Stiele des Rittersporns nur leicht. Rindenteile bilden den Abschluß der großflächigen Dekoration.

Rustikale Collage mit Hahnenfußblüten

(Schritt 1)
Zuerst bringen Sie auf zwei Seiten des Holzrahmens, der ca 45 cm x 60 cm groß ist, mit Nägeln Aufhänger an. Das Bild kann danach im Quer- oder Hochformat aufgehängt werden. Das Anbringen der Aufhänger mit Kleber ist bei schweren Dekorationen nicht ratsam.

Mit dem Allesschneider schneiden Sie die mit Bleistift aufgezeichnete Kartonrückwand aus und kleben sie sogleich in den Rahmen.

(Schritt 2)
Bringen Sie Kleber in Zickzackform auf die Bildrückseite, und belegen Sie diese ganz mit Moosplatten. Über das Moos

werden links und rechts Hahnenfußstiele am Rahmen angeklebt. Danach werden die Rindenteile über den Rahmen gesetzt.
Die vorbereiteten Hahnenfußbüschel setzen Sie der Rinde entlang auf. Gruppieren Sie diese so, daß dabei ganz dünne sowie auch ganz dicke Stellen entstehen. Die noch sichtbaren Kartonfüße der Blüten decken Sie mit Moosstreifen, die mit der Schere abgeschnitten werden, ab.

Die Hahnenfußbüschel, die Sie rechts im Bild liegen sehen, werden so gemacht:
Auf einem schmalen, dünnen Kartonstreifen bringen Sie Kleber an. Danach legen Sie den Trockenstrauß quer darüber, daß die Blüten 6 cm oben herausschauen. Jetzt wird nochmals Kleber aufgetragen, und dann der zweite Kartonstreifen darübergelegt. Danach wird alles fest angedrückt, bis der Kleber hart ist. Die Stiele des Straußes werden mit der Schere am Karton entlang weggeschnitten. Mit braunem Papierband und grünen Blättern wird die Collage vervollständigt.
Die Hahnenfußblüten müssen vor der Verarbeitung behandelt werden, siehe Seite 5.

Wanddekoration in Blau

Grundanleitung siehe Seite 38

Nacheinander wurden hier grüne Samenstände der Akelei, blauer Rittersporn, weiße Schafgarbe und Rinde verarbeitet.

Flacher Kasten mit Ähren

Grundanleitung siehe Seite 16

Das innere Quadrat, 25 cm x 25 cm, gleichmäßig mit einzeln stehenden Ähren füllen. Die Stiele der Ähren sind umspielt mit lila lackierten, offenen Kreisen aus Peddigrohr. Der Boden wird mit Islandmoos abgedeckt.

Bauwerk aus Binsen

Geknickte Binsen, roséfarbener Rittersporn und grün lackierte Kugeln sind hier in einem 15 cm x 15 cm großen flachen Kasten aufgestellt, so daß ein bizarres Bauwerk entstanden ist. Dabei sollten dicke und dünne Binsen verarbeitet werden. Der Boden ist mit Moos abgedeckt. Die Styroporkugeln sind mit wasserlöslicher Farbe dunkelgrün gestrichen und mit Haarspray auf Glanz gebracht.